BEI GRIN MACHT SICH IHR
WISSEN BEZAHLT

- Wir veröffentlichen Ihre Hausarbeit,
  Bachelor- und Masterarbeit

- Ihr eigenes eBook und Buch -
  weltweit in allen wichtigen Shops

- Verdienen Sie an jedem Verkauf

Jetzt bei www.GRIN.com hochladen
und kostenlos publizieren

Umgang mit Schreibblockaden. Hilfestellung und Übungen

GRIN

Bibliografische Information der Deutschen Nationalbibliothek:

Die Deutsche Nationalbibliothek verzeichnet diese Publikation in der Deutschen Nationalbibliografie; detaillierte bibliografische Daten sind im Internet über http://dnb.d-nb.de abrufbar.

ISBN: 9783346792679
Dieses Buch ist auch als E-Book erhältlich.

Druck und Bindung: Books on Demand GmbH, Norderstedt Germany
Gedruckt auf säurefreiem Papier aus verantwortungsvollen Quellen

Das vorliegende Werk wurde sorgfältig erarbeitet. Dennoch übernehmen Autoren und Verlag für die Richtigkeit von Angaben, Hinweisen, Links und Ratschlägen sowie eventuelle Druckfehler keine Haftung.

Das Buch bei GRIN: https://www.grin.com/document/1314515

AKAD University

Staatlich geprüfter/-e Übersetzer/-in Spanisch

HAUSARBEIT

Umgang mit Schreibblockaden

05. Juli – 30. August 2019

SCHREIBBLOCKADEN

Inhaltsgliederung:

UMGANG MIT SCHREIBBLOCKADEN

1. Betrachtungen des Schreibens

Über die Zeit haben Menschen festgestellt, dass Sprechen allein nicht reicht."Verba volant, scripta manent"[2], heißt ein bekanntes Sprichwort, das Gesprochene verfliegt, während das Geschriebene bleibt. Über die Zeit sind darum verschiedene Alphabete und Schreibsymbole entstanden, um das Gedächtnis zu stützen, um durch Texte die historischen Ereignisse festzuhalten und vor allem auch um mit zeitlich und räumlich entfernten Personen zu kommunizieren.

In unserer Gesellschaft sind Texte heute ein wichtiger Bestandteil unserer Kultur und unseres Alltags. Schon als Kind wird man in der Schulzeit mit dem Lesen und Schreiben konfrontiert und viele Aufsätze stehen an. Später ist die Schreibfähigkeit in Bewerbungsbriefen und Geschäftsbriefen, sowie in akademischen Arbeiten gefragt, während Journalisten und Schriftsteller ihren Lebensunterhalt mit dem Schreiben verdienen.

Doch das Schreiben geht nicht immer leicht von der Hand und jeder kann gelegentlich vor einer Schreibblockade stehen, denn Schreiben ist eine Tätigkeit, die komplexe Vorgänge voraussetzt. Diese Hausarbeit nimmt das Schreiben etwas unter die Lupe und beschäftigt sich mit dem Phänomen der Schreibblockade aus verschiedenen Blickwinkeln. Im Laufe der einzelnen Kapiteln wird auf unterschiedliche Ursachen eingegangen, die von Möglichkeiten und Empfehlungen begleitet werden, wie Betroffene mit verschiedene Arten der Schreibblockade umgehen können. Zum Schluss werden mehrere praktische Übungen beschrieben, v.a. um den Schrieb- und Ideenfluss zu fördern.

Wegen der Komplexität des Themas Schreibblockade, bei der verschiedene Aspekte ineinandergehen, werden manche Begriffe aus anderen Betrachtungswinkeln wiederaufgenommen.

1.1 Schreibblockaden

Eine Blockade ist ein "vorübergehender Ausfall bestimmter geistiger Fähigkeiten"[3]. Im Falle einer Schreibblockade fällt die Fähigkeit einen Text zu produzieren vorübergehend oder dauerhaft aus. Dabei spielen u.a. die Konzentrationsfähigkeit, die Kreativität, die Motivation, die innere Einstellung zusammen mit den Gedanken und Gefühlen eine wichtige Rolle und der Schreibort →2.5 kann auch entscheidend sein.

Die Schreibblockade erscheint in verschiedenen Formen. Manche finden schwer einen Anfang, was daran liegen kann, dass sie kein Interesse an das Thema oder keine Ideen dazu haben. Manchmal gelingt zwar die Planung, aber nicht das eigentliche Schreiben, weil man nicht genau weiß, wie man die Ideen in vollständigen Sätzen formulieren soll. Andere schreiben zwar für einige

---

2 https://en.wikipedia.org/wiki/Verba_volant,_scripta_manent (Zugriff am 15.07.2019)
3 https://www.duden.de/rechtschreibung/Blockade (Zugriff am 13.08.2019)

Zeit, kommen dann aber ins Stocken und hören eventuell auf. Wieder andere haben eine übermäßig kritische Einstellung und blockieren damit selbst ihren Schreibfluss, worauf im Kapitel Kritik und Perfektionismus näher eingegangen wird →3.2.

Es gibt viele verschiedene Möglichkeiten, wie man oberflächlichere Schreibblockaden in den Griff bekommt, allein oder mithilfe von Seminaren, Workshops und Coaching. Studenten können meist auch Beratungsstellen ihrer Universitäten aufsuchen.

Sitzen die Blockaden aber tiefer in der Psyche, z.b. wenn stark negative Assoziationen zum Schreiben oder Traumas aus der Vergangenheit in Verbindung mit dem Schreiben vorliegen, dann ist therapeutische Hilfe →4.2 gefragt.

1.2 Arbeitsschritte des Schreibens

Allgemein wird das Schreiben nach Hayes und Flower in drei Phasen eingeteilt, persönlich möchte ich als Phase 0 die Vorbereitung des Schreibumfeldes hinzufügen. Dazu gehört: das Material beschaffen, Ordnung am Arbeitsplatz herstellen, Fristen wahrnehmen und Zeit einteilen.

Als nächstes kommt Phase 1, die aus der Planung und Konzipierung des Textes zusammen mit der Recherche besteht. In dieser Phase 1 wird das Thema grob betrachtet, erste Recherchen →2.3 finden statt und man definiert das Ziel der Arbeit. Aus dem schon vorhandenen Wissen des Langzeitgedächtnisses entstehen zunächst Skizzen, Cluster →5.3 und Mind-Maps, man sucht nach neuen Ideen und Lösungen für die gegebenen Problemstellungen →5.4 und versucht ein grobes Inhaltsverzeichnis zu erstellen.

In der Phase 2, der Formuliungsphase, fängt die eigentliche Schreibarbeit. Man entwirft Abschnitte, Kapitel und Werkteile. Heutzutage gibt es noch eine modernere Art zu schreiben, nämlich durch Audioaufnahmen[4], die man dann selbst transkribiert oder von einem bezahlten Beauftragten transkribieren lässt. Das unterstützt die normale Geschwindigkeit vom Gedanken-fluss, und verhindert manche Schreibblockaden, da man hierbei nicht schreibt, sondern spricht.

Die Formulierungsphase lässt ich günstig mit der Phase 1 kombinieren, wenn man beispielsweise beim Schreiben nicht mehr weiterkommt, aufgrund von Ideenmangel oder Wissenslücken, sodass man sich erst genauer informiert bevor man weiterschreibt. Problematisch ist jedoch eine Kombination der Formulierungsphase mit der letzten Phase, der Korrekturphase, da dies Schreibblockaden auslösen kann →3.2.

Zur Korrekturphase gehören mehrere Korrekturdurchgänge, sowohl durch den Autor

---

4   Rasch, S. 203

selbst als auch durch Korrekturleser wenn möglich. Dabei geht es als allererstes inhaltlich um den logischen Aufbau und die Schlüssigkeit, auch um den adressatenorientierten Stil, um den korrekten Satzbau und die korrekte Grammatik, und natürlich äußerlich um die Rechtschreibung und Zeichensetzung. Abschließend wird bewertet, inwiefern das Werk sein Zweck erfüllt und was zur Vollständigkeit ergänzt oder verändert werden soll.

1.3 Zu wenig oder zu viel Planung vor dem Schreiben

Im Bezug auf die Planungs- und Konzeptphase gibt es zwei Arten von Schreiber: die Draufgänger, die sich mit wenig bis keine Planung direkt ins Schreiben stürzen und die kalkulierten Konzeptpersonen, die viel Zeit in dieser Phase investieren. Beide können aus unterschiedlichen Gründen eine Schreibblockade bekommen. Zu wenig Planung kann nach einer Weile in Unklarheit und Verwirrung münden, man weiß nicht wie es weitergehen oder wie alles zusammenhängen soll. Zu viel Planung wiederum kann dazu führen, dass man in dieser Phase stecken bleibt und die tatsächliche Schreibarbeit unnötig aufschiebt. Der eigentliche Grund dahinter ist, dass man keinen rechten Anfang findet und die ausgedachten Ideen sich nicht auf Anhieb in ganzen Sätzen formulieren lassen. Hier sollte man versuchen, die einzelnen Ideen und Stichpunkte in einfachen Subjekt-Prädikat-Objekt-Sätze auszudrücken, die man bei Bedarf mit weiteren Informationen erweitern kann. Auch bietet sich an, sich eine Stelle mitten im Schreibprojekt auszusuchen, bei welchem das Schreiben am ehesten frei von der Hand geht. Allgemein sollte die Planungs- und Konzeptphase maßvoll genutzt werden, mit dem Gedanken im Hinterkopf, dass gerade in der Formulierungphase in der Regel ausgereiftere Ideen aufkommen.

2. Schreibblockade von außen beeinflussen

2.1 Arbeitszeiten und Konzentration

Optimal für gutes Vorankommen beim Schreiben sind feste Zeitfenster, in denen man sich voll und ganz auf das Schreiben fokussieren kann. Denn das Gehirn stellt sich auf das Schreiben in dieser Zeit ein und es wird weniger aufgeschoben →2.3. Außerdem hat es einen motivierenden →2.5/3.1 Effekt, wenn man sich feste Zeiten zum Anfangen, aber besonders auch zum Aufhören vornimmt, denn so arbeitet man effektiver mit dem Wunsch, bis zum Ende der Arbeitszeit etwas geschafft zu haben. Außerdem werden die festen Zeiten zur Routine und der Einstieg jedes Mal leichter[5]. Um sich für den Beginn zu motivieren, können kurze Arbeitszeiten[6] vorgenommen werden, selbst 15 Minuten sind für den Anfang ausreichend. Diese Zeit wird nach und nach gesteigert und eventuell nach der Pomodoro-Technik aufteilt.

Diese Technik wurde von Francesco Cirillo entwickelt und sie hilft, Aufgaben systematisch und effektiv zu erledigen. Dabei werden große Aufgaben in kleineren Teilaufgaben aufgeteilt und nacheinander in vier 25-Minuten-Blöcke erledigt. Zwischen den Arbeitsblöcken nimmt man sich jeweils eine 5 Minuten Pause. Nach den vier Blöcken folgt eine größere Pause von 15 bis 20 Minuten. Das ist eine sinnvolle Methode, insbesondere wenn man unter Zeitdruck arbeitet, denn die kleineren Pausen zwischendurch sorgen für eine bessere Konzentration →2.2 und eine effizientere Bewältigung der Schreibaufgaben. Dieses Modell lässt sich natürlich individuell an die eigenen Bedürfnissen und Ausdauer anpassen, indem man Arbeitszeit oder Pausen verkürzt bzw. verlängert.

Falls Selbstdisziplin für feste Schreibzeiten schwer fällt, gibt es die Möglichkeit an Schreibgruppen teilzunehmen oder selbst soche Treffen zu organisieren. So wird das Schreiben verbindlicher und doch gleichzeitig potenziell angenehmer.

Zudem sollte man bei der Wahl der festen Arbeitszeiten beachten, dass die Konzentrations- und Leistungsfähigkeit je nach Tageszeit schwankt. Gerade in einer Tiefphase ist die Konzentrationsfähigkeit am Boden und es kann sich eine Schreibblockade zeigen. Die besten Arbeitszeiten sind normalerweise während den zwei Leistungsgipfeln[7], morgens etwa zwischen 8:30 und 12 Uhr und später zwischen 16 und 21 Uhr. Individuell gibt es Unterschiede, etwa zwischen den Morgenmenschen, die früh aktiv sind und voller Energie und denjenigen, die am besten abends bis in die Nacht hinein am effektivsten arbeiten. Deshalb sollte jeder für sich selbst herausfinden, welche Arbeitszeiten für ihn optimal sind und diese Zeit für das Schreiben einsetzen.

2.2 Pausen und Konzentration

Um die Konzentration- und Leistungsfähigkeit auszuschöpfen sind ausreichende Nachtruhe und Pausen sowie eine ausreichende Abwechslung zwischen dem Schreiben als geistiger Tätigkeit und körperlichen Aktivitäten wichtig. Ausreichende Pausen sollten auf jeden Fall gemacht werden, spätestens wenn man merkt, dass die Leistung nachlässt. Auch wenn sie auf den ersten

---

5   Rasch, S. 228
6   Rasch, S. 229
7   Von Schnurbein, S.43

Blick völlig fruchtlos scheinen, so wird in dieser Zeit durch Entspannung, Abschalten und Abwechslung neue Kraft und Motivation aufgetankt, sodass die Leistung beim Weiterschreiben nach einer ordentlichen Pause eine bessere ist. Die Pause kann unterschiedlich gestaltet werden, wichtig ist, dass sie Kraft gibt und hilft, motiviert weiterzumachen: Essen, Spazieren gehen, Putzen, Joggen, Kochen, Musik hören etc. Gut angepasste Pausen bedeuten im Endeffekt einen Zeitgewinn, denn sie erhöhen die Motivation, Konzentration und Produktivität innerhalb der Arbeitszeit und helfen somit einer Schreibblockade vorzubeugen.

Zusätzliche Tipps zur Verbesserung der Konzentration sind eine gerade Sitzhaltung, genug frische Luft, sowie eine angenehme Schreibkulisse →2.5. Selbst die Ernährung beeinflusst die Gehirntätigkeit und demnach die Schreibfähigkeit und das Auftreten einer Schreibblockade. Nachhelfen kann man natürlich auch mit den alltäglichen koffeinhaltigen und zuckerhaltigen Genussmitteln, die kurzzeitig die Konzentrationsfähigkeit erhöhen und wach machen.

2.3 Aufschiebung und Recherche

Die Aufschiebung ist ein in typisches Problem des Schreibens, das indirekt zu einer Schreibblockade führen kann oder selbst durch eine Schreibblockade bedingt ist. Wenn man sich zu schreiben unfähig fühlt, schiebt man es unter verschiedenen Vorwänden auf. Ursachen für die Aufschiebung oder der damit verbundenen Schreibblockade können Motivationslosigkeit, Ideenmangel, schlechte Gewohnheit oder Faulheit, aber auch negative Gedanken und Gefühle in Verbindung mit dem Schreiben sein. Dabei entsteht Zeitdruck →2.4 und zusammen mit einer Schreibblockade kann es in Panik versetzen.

Um den Kreislauf aus Aufschiebung, Zeitdruck, Selbstvorwürfen, Schreibblockaden und Panik zu vermeiden, sollte sofort mit der Arbeit begonnen werden, sobald man die Aufgabe erhält. Man setzt dabei mit den Phasen →1.2 des Schreibens 0 bis 2 an. Jede Verzögerung wirkt sich auf den Schreibprozess negativ aus, weil Blockaden auftreten können, aber ein sofortiger Einstieg ist der sanfteste und beugt dasselbe vor. Skizzen, Mind-Maps, Stichpunke und auch Fragen zum Thema stellen sind passend für den Anfang. Wenn möglich können gleich am Anfang schon skizzenhafte Abschnitte geschrieben und ein grobes Inhaltsverzeichnis erstellt werden. Dem Schreibenden werden hierbei sein Informationsstand und Lücken bewusst, sodass er gleich gezielt recherchieren kann.

Nicht zuletzt können auch zu lange Rechercheperioden die Aufschiebung bergen. Dabei produziert eine zu große Informationsanhäufung[8] in Kombination mit unordentlichen Notizen im Nachhinein das Gefühl von Überforderung, Unklarheit, Unfähigkeit und nicht zuletzt eine Schriebblockade. Dagegen helfen strukturierte Notizen, die parallel zum Lesen und Studieren erstellt werden. Empfehlenswert ist es, gleichzeitig oder mit nur wenig Zeitversetzung, solange alle Informationen noch frisch im Gedächtnis sind, die studierten Inhalte konkret zu verschriftlichen, selbst wenn es nur kleine Abschnitte oder Satzfragmente sind. Das entlastet das Gehirn und beugt eine durch Informationsüberladung entstehende Schreibblockade vor.

Zu kurze oder oberflächliche Recherchen, dagegen, können genauso Grund für eine Schreibblockade sein. Da hilft natürlich das Studieren von Lesematerial zum Thema.

2.4 Strategie bei Zeitdruck und Stress

Was ist aber, wenn durch die ständige Aufschiebung viel Zeit schon zerronnen ist, man nun vor einem Schreibriesen steht und der Abgabetermin unausweichlich naht? Was ist wenn bestimmte Vorgaben erfüllt werden müssen, Formalitäten jeder Art wie Seiteneinstellung, das richtige Zitieren, die geschlechterneutrale Sprache usw.? Solche Anforderungen sind nicht nur Zeiträuber sondern auch Stressfaktoren.

Tatsächlich gibt es Menschen, die unter Zeitdruck vorübergehend besser arbeiten und die Angst vor den Konsequenzen für sie zur treibenden Kraft wird. Zeitdruck und Stress lösen aber allgemein Unbehagen aus, begleitet von verschiedenartigen Gefühlen und Gedanken von Auswegslosigkeit, Überforderung, Angst und Sorgen. Auch ein lähmender Zustand kann auftauchen, in dem man vorübergehend nicht mehr fähig ist, seine Ressourcen für das Schreiben richtig einzusetzen. Wenn nicht eine Aufschiebung der Grund für den Zeitdruck ist und man sich sehr aufgewühlt fühlt, dann sollte man sich kurzzeitig willentlich Zeit nehmen, um emotionalen Abstand zu gewinnen durch ablenkende Tätigkeiten, die auf andere Gedanken bringen. Aus der emotionalen Distanz kann man sich dann besser auf die Schreibaufgabe fokussieren und mit der Analyse vom Ist- und Sollzustand beginnen: *Was fehlt, um so nah wie möglich an dem Sollzustand heranzukommen?* Die einzelnen Punkte kann man gruppieren und soweit es geht in einer Ordnung bringen, auch wenn es nicht die endgültige Ordnung ist. Für die einzelnen Gruppen kann man sich realistische Teilfristen setzen und sie in einzelne Teilaufgaben mit der Pomodoro-Technik →2.2 aufarbeiten. Im Fokus stehen dabei die effektive Erledigung der

---

8   Huston, S. 96

Teilaufgaben und die Einhaltung der Teilfristen. Wichtig ist, sich nicht in Details zu verlieren, sondern die Übersicht zu behalten. Wenn manche Teilaufgaben noch nicht zufriedenstellend erledigt sind, sollte man bestrebt sein, nur die vorgenommene Zeit hineinzuinvestieren, besonders wenn sie eher nebensächlich sind. Man kann zu sich selbst auf beruhigender und gleichzeitig motivierender Weise sagen: *"Auch wenn ich jetzt nur noch wenig Zeit habe, so werde ich das Beste daraus machen. Ich werde mich dabei auf die Kernpunkte fokussieren und diese, so gut wie es in dieser Zeit geht, herausarbeiten und die Details erst einmal komplett außen vor lassen. Wenn ich am Ende noch Zeit habe kann ich einige Details vervollständigen"*

Hierzu möchte ich auch das Paretoprinzip erwähnen, das einen erstaunlichen Bezug zwischen der Leistung und dem Ergebnis herstellt. Dieses Prinzip wird auch 80-zu-20-Regel genannt, weil "80% der Ergebnisse"[9] auf Grund von "20% des Gesamtaufwandes" zustande kommen. Diese Erkenntnis sollte beruhigend wirken, weil man mit einem Bruchteil der Mühe das meiste erreichen kann.

Im Zusammenhang mit dem Zeitdruck, können Erschöpfungsanzeichen oder Burnout auftreten, die eine längerfristige Schreibunfähigkeit verursachen können. Um dies zu vermeiden, sollte man seine Leistungsgrenzen kennen und respektieren.

2.5 Schreibumfeld, Konzentration und Motivation von außen

Der Arbeitsplatz als äußerlicher Faktor ist für das Schreiben sehr bedeutsam, da ein ungeeigneter Arbeitsplatz oder ein Arbeitsplatz, der negativ geladen[10] ist, eine Schreibblockade hervorrufen kann. Dagegen fördert eine angenehme, ordentliche und ruhige Umgebung die Bereitwilligkeit, sich zum Schreiben hinzusetzen, die Konzentration und den Schreibfluss positiv beeinflußt und nicht zuletzt inspirierend wirken kann.

Ordnung nach außen hilft Ordnung und Klarheit nach innen zu schaffen. Der Schreibtisch sollte genug Platz bieten und aufgeräumt sein, alles Notwendige griffbereit, um jede unnötige Unterbrechung durch Aufstehen während des Schreibens zu vermeiden.

Im Bezug auf die Konzentration gibt es äußere und innere Konzentrationsstörer, durch die auch eine Schreibblockade entstehen kann. Alle Arten von äußeren Störfaktoren werden beseitigt, indem, alle Familienmitglieder o.ä. um Ruhe gebeten und alle Geräte, die Benachrichtigungen empfangen, auf lautlos gestellt bzw. ausgeschaltet werden. Denn wenn man sich einmal hingesetzt hat, sollte man sich für längere Zeit ungestört voll und ganz dem

---

9 https://de.wikipedia.org/wiki/Paretoprinzip (22.07.2019)
10 Rasch, S. 224

Schreiben widmen und sich darin vertiefen können.

Die inneren Störfaktoren sind ablenkende Gedanken an anderen Pflichten, Erinnerungen an aktuellen Erlebnissen, Sorgen über die Zukunft und verschiedene aufkommende Gefühle. Ein einfacher Trick um diese weitgehend loszuwerden, ist das Notieren[11] und somit Abladen der ablenkenden Gedanken in Stichpunkten auf einem separaten Notizblock o.ä, dann wendet man sich wieder dem Schreiben zu.

Je nach Anforderungen der Schreibaufgabe und nach individueller Vorliebe können verschiedene Orte als Arbeitsplatz in Betracht kommen. Ganz still für sich allein, wie im Büro, von der Natur umgeben, wie auf der Terasse oder am Waldesrand, still von Menschen umgeben wie in einer Bibliothek oder mitten im Rauschen der Menschen im Zug, in einem Café oder im Park, das alles sind Beispiele für die Auswahl eines geeigneten Schreibmilieus. Die richtige Wahl kann darüber hinaus motivierend wirken, besonders wenn man sich in derjenigen Umgebung wohl und gleichzeitig aktiviert und inspiriert fühlt.

Von außen motivieren außerdem Belohnungen in Form von guten Noten, guten Rezensionen, Preise, Lob oder Lohn etc. Auch kleine selbsterwählte Belohnungen, die erheitern oder Spaß machen, sind hilfreich und geben kurzzeitig den Kick um besser durchzuhalten.

Unter Umständen kann, wie oben genannt, auch leichter bis mäßiger Zeitdruck die Motivation straff halten.

2.6 Inspiration und Kreativität

Inspiration und Kreativität sind für Schriftsteller der Nährboden, aus welchem ihre Werke sprießen. Wie oben schon genannt, kann ihnen der Arbeitsumfeld helfen, schöpferisch zu werden, indem die verschiedene Sinnesreize und Eindrücke aufgenommen und kreativ in ihren Geschichten eingebettet werden, wie Gerüche, Bilder, Farben, Lieder, Melodien und was den Tast- und den Geschmacksinn reizt. Genauso ist es möglich, solche Plätze aufzusuchen oder Aktivitäten ausprobieren, um schlicht Erfahrungen zu sammeln. Daraus entstehen neue Ideen, die Zeile um Zeile füllen. Denn neue und originelle Erlebnisse verändern die Denkweise und somit auch die Themen, worüber man schreibt. Ein Ausflug, ein Museumsbesuch, ein inspirierender Film oder Roman, eine Aktivität, die man bisher noch nie gemacht hat, all das kann zur Inspirationsquelle werden.

Notwendig sind überdies für die freie Entfaltung der Kreativität eine entspannte

---

11 Dr. Hoffmann, S. 25 (Birkner M.)

Atmosphäre nach außen und eine gelassene innere Haltung. Leichter Zeitdruck hält die Kreativität in Schranken, aber zu großer Zeit- oder Leistungsdruck ersticken die Inspiration, genauso wie auch der Perfektionismus und exzessive Kritik → 3.2. Wer demnach den Fluss guter Einfälle aufrechterhalten möchte, sollte seine Ideen zunächst frei aufschreiben, bspw. in einer Mind-Map, ohne sie zu bewerten und ohne Kritik.

3. Schreibblockade von innen - Selbsthilfe

In diesem Kapitel geht es um die Schreibblockaden, die von innen heraus durch bestimmte Gedanken, Einstellungen und Gefühle entstehen und es werden Empfehlungen vorgestellt, wie man damit umgeht und die Schreibfähigkeit positiv beeinflusst.

3.1 Innere Einstellung und Motivation

Die Motivation ist die innere Triebkraft, die einen Menschen in Bewegung setzt. Wenn die Motivation beim Schreiben fehlt, zieht es Konzentrationsprobleme und Schreibblockaden mit sich. Die Lust zum Schreiben fehlt, Sätze bilden fällt schwer und man lässt sich gern durch andere Dinge ablenken oder schiebt die Aufgabe auf →2.3. Wie man die Motivation von außen fördern kann, wurde bereits an mehreren Stellen vorgestellt. Nun wenden wir uns dem zu, wie man die Motivation von innen heraus verbessern kann.

Ganz entscheidend dabei ist der innere Monolog. Die Worte, die wir in unserem Bewusstsein abspielen, haben einen direkten fördernden oder aber hemmenden Einfluss auf unserer Motivation und Leistung. Sich immer wieder zu bestätigen, dass man keine Lust habe, dass es zu schwer sei und dass es kein Spaß mache ist demnach kontraproduktiv. Stattdessen kann der unmotivierte Zustand zwar wahrgenommen werden, aber gleichzeitig sollte nach den Ursachen geforscht werden und nach Wegen zur Behebung dessen.

Mögliche Ursachen sind Müdigkeit, Mangel an Interesse oder Bezug zum Thema, mangelnde subjektive Sinnhaftigkeit der Schreibaufgabe, Überforderung, negative Assoziationen und Erfahrungen mit Schreiben oder mit dem Thema und natürlich die obengenannten äußeren Faktoren. Fragen wie *"Wie kann ich meine Schreibkulisse so gestalten, dass ich Lust habe, mich in diesem Raum zu arbeiten? Was macht mir am meisten Spaß am Schreiben? Wie kann ich die Schreibzeit so gestalten, dass es mir Spaß macht? Warum habe ich dieses Thema gewählt oder was finde ich an diesem Thema faszinierend bzw. welche Details beeindrucken mich? Mit welchem Kapitel würde ich mich am liebsten intensiver befassen? Welche Erfolgserlebnisse habe ich bisher gehabt? Wie hat sich das angefühlt?* Wenn es keine Erfolgserlebnisse in der Vergangenheit gegeben hat, so kann man sie sich dennoch für die Zukunft vorstellen, denn Visualisierung ist eine gängige Methode, bei der man sich das zukünftige Ergebnis im besten Licht vorstellt, etwa wie beim Tagträumen, und daraus Kraft und Motivation schöpft.

Aufgrund der begrenzten Kapazität dieser Arbeit kann ich das Thema Motivation nicht detaillierter ausführen, aber dennoch fasse ich zusammen, dass für Motivation folgendes wichtig ist: persönliches Interesse an dem Thema, Spaß am Schreiben und Sicherheit im Umgang mit der Sprache und den aufkommenden Informationen, ein Gefühl der Sinnhaftigkeit der Schreibaufgabe, Erfolgserlebnisse in der Vergangenheit, eine positive und zielgerichtete Einstellung sowie Ehrgeiz und Disziplin.

3.2 Kritik und Perfektionismus

Kritik kommt als Selbstkritik und als Kritik von außen vor. Sie kann konstruktiv oder destruktiv sein. Durch konstruktive Kritik kommt man auf einer kompetenteren Schreibebene als am Anfang, denn man bekommt Hinweise oder Ideen zur Verbesserung. Diese Art von Kritik sollte man ernst nehmen, wenn man seine Schreibkompetenz erweitern möchte. Destruktive Kritik dagegen ist unfair und demotivierend, es lässt Selbstzweifel an der Schreibkompetenz und negative Gedanken aufkommen. Je wichtiger die kritisierende Person für den Schreibenden ist, desto größer ist die Auswirkung auch auf einer Schreibblockade. Man bekommt Angst vor einem kritischen Leser und versucht durch die Meidung des Schreibens weitere negative Bemerkungen zu umgehen. Man sollte destruktive Kritik als solche erkennen, für sich ablehnen und sich davon distanzieren. Eine leichte und wirksame Methode gegen die Angst vor dem kritischen Leser ist, dass man versucht sich einen idealen Leser[12] vorzustellen, der freundlich, geduldig und wohlwollend ist. Das sollte bei leichten Blockaden helfen. Falls in der Vergangenheit destruktive Kritik ausgeübt wurde, die zu einer traumatischen Schreibblockade führte, kann man entweder selbst Techniken des NLP, Neurolinguistisches Programmieren, ausprobieren oder man wendet sich direkt an einem Psychotherapeuten →4.2.

Andererseits gibt es Menschen mit besonders hohen Idealen, die nach Perfektion streben. Das kann bisweilen dazu führen, dass sie allzu selbstkritisch sind und mit ihren Ergebnissen schnell unzufrieden werden. Der Perfektionismus kann einerseits durch den selbsterlegten Leistungsdruck und der dadurch entstehenden Frust zu einer Blockade führen. Andererseits ist

---

12 Huston, S. 95

die Kombination zwischen den zwei Schreibphasen der Produktion und der Korrektur[13] besonders bei Perfektionisten oder bei Menschen mit stark ausgeprägter Analyse- und Kritikgabe ein großes Hindernis beim Schreiben. Dabei hat man während des Schreibens oft das Gefühl, dass die Sätze nicht gut oder nicht treffend genug sind. Man löscht oder verändert die Sätze, formuliert sie oft um und kommt so nicht weiter.

Die strenge Trennung der Produktions- und Korrekturphase ist die Lösung dafür. In der Produktionsphase sollte man nur schreiben und am besten erst gar nicht nachlesen, was man geschrieben hat. Das hilft den Schreibfluss zu bewahren bzw. wirkt einer Schreibblockade entgegen, indem man sich unausgereifte Sätze erlaubt und somit nicht mehr während dem Schreiben über Mängel stolpert. Nach der Produktionsphase hat man noch nicht ein Endprodukt, sondern nur einen Entwurf. Eine Korrekturphase kann man aber in bestimmten Abständen einlegen, z.B. nach einer bestimmten Anzahl von Absätzen, Seiten oder Kapitel. Wenn man zusätzlich einen Zeitabstand von bis zu einigen Tagen zwischen den zwei Phasen setzt, können Fehler oder Mängel viel besser aufgespürt werden, als wenn man sofort nach der Produktionsphase den Text korrigiert.

Ich möchte noch Beispiel für positive Zusagen geben, die Perfektionisten benutzen könnten, wenn sie das Gefühl haben, sich selbst im Weg zu stehen: *"In dem zeitlichen Rahmen und in Rahmen meiner Möglichkeiten gebe ich mein Bestes und das ist vollkommen genug. Sollte mein Werk schließlich Schwachstellen haben, bin ich doch jetzt schon zufrieden mit mir und habe ein gutes Gewissen, weil ich mein Bestes gebe."*

4. Professionelle Hilfe und tiefverankerte Schreibblockaden

4.1 Schreibtrainer

Schreibtraining kann als vorbeugende Aktion oder zum Beseitigen von milden bis mäßigen Schreibblockaden vorgenommen werden. Auch kann man sich für Workshops in Gruppen oder für Einzelcoaching anmelden. Dort wird das Schreiben geübt und es werden unterschiedliche, praxisnahe Strategien trainiert, wie man das Schreiben anpacken kann, angefangen von der Vorbereitungsphase über die Formulierungsphase und bis hin zur Korrekturphase. Manche ihrer Methoden und Techniken werden im letzten Kapitel dieser Hausarbeit präsentiert →5. Darüber hinaus bieten Universitäten Lehrveranstaltungen und Kurse zum Thema wissenschaftliches

---

13 Rasch, S. 212

Schreiben.

4.2 Therapeutische Hilfe

Oft kann eine Schreibblockade dieselben oder überschneidende Symptome wie eine Depression aufweisen[14]. Dazu gehören eine erhöhte Selbstkritik, Motivationslosigkeit, Verlust der Begeisterungsfähigkeit oder des Lebenssinnes sowie negative Gedanken und Unzufriedenheit über die Vergangenheit, die Gegenwart und die Zukunftsperspektiven. Auch die Trauer über den Verlust einer geliebten Person kann in einer Depression oder Passivität münden. In manchen Fällen kann eine Depression mit ihrer Melancholie und dem inneren Leidenszustand zur Inspirationsquelle werden. Wenn aber die Depression als Ursache einer Schreibblockade lebensgefährdend wird, wenn Angst und Panikattacken aufgrund von Traumata auftreten, dann ist ein Facharztbesuch unumgänglich. Der Psychiater verschreibt Medikamente wie beruhigende oder antidepressive Mittel, um die starken Symptome abzumildern, aber führt keine medikamentfreie Therapie durch. Psychotherapeuten, stattdessen, bieten eine ursächliche Therapie.

Die Methoden der Psychotherapie sind zahlreich und dabei wird hauptsächlich mit der Vorstellungskraft, mit Gefühlen, Erinnerungen und Wahrnehmung gearbeitet. Negative Glaubenssätze werden aufgespürt und umgewandelt, manche verdrängte Gefühle kommen zum Vorschein, vorhandene Blockaden werden aufgelöst. Sehr bekannte Methoden sind die Psychoanalyse nach Sigmund Freud und die Individualpsychologie nach Alfred Adler. Die Katathym-imaginative Psychotherapie[15] (KIP) bringt innere Zustände und Einstellungen mithilfe von Visualisierung bestimmter Bilder an die Oberfläche und das Neurolinguistische Programmieren (NLP) beinhaltet mehrere Methoden, die negative Glaubenssätze in positive verändern und verankern.

5. Einzelübungen gegen die Schreibblockade

Um schreiben zu üben, braucht man Stift und Papier, oder ein Gerät mit Tasten, das Texte durch Tippen erfassen kann. Beides hat Vorteile und Nachteile. Nach Korrekturen sieht ein Blatt Papier etwas verunstaltet aus, während am Laptop oder PC das Geschriebene mühelos gelöscht oder umgeändert werden kann. So kann digitales Schreiben für Perfektionisten die bessere Lösung sein.

---

14   Weaver Flaherty, S.117
15   Sonnenmoser, S. 325, Ärzteblatt Juli 2003

Andererseits haben manche Menschen Spaß an das Schreiben als kunstvolle Tätigkeit und mögen es, mit der eigenen Schrift zu experimentieren.

In diesem abschließenden Kapitel werden verschiedene, teils selbstausgedachte Übungen präsentiert, wie man den Ideen- und Schreibfluss fördern kann.

5.1 Lockerungsübungen

Schreibblockaden können auch durch inneren Hemmungen oder inneren und körperlichen Spannungszuständen entstehen. Zur Lockerung von außen nach innen kann man mit einigen Streck- und Dehnübungen anfangen. Dafür kann man sich beliebig viel Zeit nehmen, es reichen aber auch 1-5 Minuten. Diese körperliche Übungen helfen, sich zu entspannen, die Gedanken auf sich selbst zu richten und den Körper in einem Zustand des Wohlbefindens zu bringen, alles zusammen sehr nützlich in der Bekämpfung der Schreibblockade.

Um weitere Hemmungen oder Spannungszustände in Bezug auf das Schreiben aufzulockern, kann sich vorläufig zum Schreiben mit künstlerischen Aktivitäten betätigen. Optimal sind Zeichnen und Malen, besonders weil dabei fast dieselben Materialien wie beim Schreiben benötigt werden, nämlich Stift bzw. Pinsel und Papier bzw. Leinwand. Ziel ist dabei nicht ein Kunstwerk zu schaffen, sondern hier geht es darum, sich selbst mehr Freiheit zu geben, frei zu experimentieren und alle Hemmungen loszulassen. Manche abstrakte Endergebnisse können erstaunliche Erkenntnisse über innere Vorgänge oder Zustände geben.

Im Bezug darauf gibt es eine Übung[16], die den Ungleichgewicht zwischen den Gehirnhemisphären ausgleichen kann. Dafür nimmt man ein Blatt Papier quer, zeichnet eine vertikale Linie oder faltet das Blatt in der Mitte und nimmt jeweils einen Stift in jede Hand. Jetzt werden mit beiden Händen Linien und geometrische Figuren gleichzeitig und spiegelbildlich gezeichnet. Durch diese Übung soll die gleichmäßige Zusammenarbeit beider Gehirnhälften und somit die Gesamtleistung verbessert werden.

5.2 Übungen für freies Schreiben

Übung macht den Meister und das gilt genauso für das Schreiben. Indem man regelmäßig schreibt, gewinnt man an Schreibfluss und Flexibilität im Ausdruck. Schreibübungen können unterschiedlich aussehen. Beispielsweise beschreibt man Erlebnisse des Tages oder Erinnerungen aus der Kindheit in einem Tagebuch. Auch kann das therapeutische Potenzial des Schriebens genutzt werden, indem man seine Gefühle und Kränkungen beim Schreiben

---

16 Hofmann

verarbeitet.

Unpersönlicher sind Erörterungen von aktuellen Problemen oder Konfliktthemen, Rezensionen und Kommentare sowie Objekt- oder Landschaftbeschreibungen, wobei hier der Schwerpunkt auf treffende Wörter liegt. Hinzu kommen frei ausgedachte Geschichten, die sowohl realistisch als auch phantasievoll sein dürfen. Als Anregung kann man sich beispielsweise ein beliebiges Bild auswählen und sich mithilfe seiner einzelnen Elemente eine Geschichte ausdenken.

Als Anregung kann man sich beispielsweise einen beliebigen Roman auswählen und zufällig aufgeschlagen. Es werden lediglich ein paar Zeilen oder ein bis zwei Textabschnitte langsam und aufmerksam gelesen. Man stellt sich alles so genau wie möglich vor, dann fragt man sich, wie es wohl zu dieser Szene kam und wie es möglicherweise weitergehen könnte. Das Gleiche funktioniert ebenso mit einem Bild. Bei der Version mit dem Roman aber ergibt sich zusätzlich die Gelegenheit, andere Schreibstile zu erproben, indem man versucht, den Schreibstil des Autoren zu übernehmen. Andernfalls schreibt man die Vor- und Nachgeschichte des Auszugs in seinem eigenen Stil und benutzt die gelesene Szene einzig als Anregung.

Bei der nächsten Übung nimmt man ein Wörterbuch oder auch ein beliebiges Buch, schlägt es zufällig auf und schreibt sporadisch 10-15 Wörter heraus. Als Alternative überlegt man sich spontan Wörter, die jeweils mit einem Buchstaben des Alphabets beginnen. Dann werden subjektiv gesehen zusammengehörende Wörter durch Linien oder Pfeile verbunden, weitere einzelne Assoziationen dazu notiert und schließlich kann man ans Werk gehen. Es sollen dabei so viele Wörter wie möglich in einer Geschichte eingearbeitet werden. Es geht im Wesentlichen darum, frei zu schrieben und zu experimentieren. Im besten Fall lösen sich manche Kreativitätsblockaden, Schriftsteller bekommen frische Ideen für ein neues Roman oder man eignet sich neue Stiltechniken an.

Wenn die Schreibblockade es nicht zulässt, dass man selbst einen Text schreibt, kann man einen Text nehmen, dessen Stil man bewundert und einen Abschnitt davon abschreiben. Es sollte die Angst, davor abmildern und gleichzeitig hat man Gelegenheit sich mit einem anderen Stil zu beschäftigen. Alternativ wählt man sich einen Text aus, an dem man etwas auszusetzen hat und versucht es verbessern. Dabei wird die Wortwahl analysiert und Wörter durch passendere Synonyme ausgetauscht oder auch Satzstrukturen und Konjunktionen umgeändert. Der Inhalt kann auch komplett in eigenen Worten gefasst werden. Schließlich schreibt man das Endergebnis sauber ab. Die Grundidee hinter dieser Übung ist, dass man konstruktive Kritik anhand von fremden Texten übt.

5.3 Ideen sammeln

Mindmapping[17] ist eine Methode zur Ideensammlung und zur Schaffung eines Überblickes, indem Wissen aus dem Langzeitgedächtnis auf assoziative Weise auf Papier gebracht wird. Dazu wird das Kernthema oder Stichwort in die Mitte eines quergelegten Blattes Papier geschrieben und umkreist. Außen herum werden untergeordnete Themen oder Stichwörter notiert und mit der Mitte verknüpft. Von diesen untergeordneten Themen zweigen weitere Assoziationen ab. Dies kann man beliebig weit fortsetzen, sinnvoll sind jedoch drei bis vier Ebenen, damit man nicht zu weit vom Kernthema abwandert. Diese Methode hat eine feste, vorgegebene Struktur. Zudem sind Farben und Symbole hilfreich, um zusammenhängende Gedanken besser zu strukturieren und verständlich zu machen und außerdem um die Kreativität etwas aufzuwecken.

Weit impulsiver ist das Clustering[18]. Dabei geht es darum, so spontan wie möglich alle Ideen und Einfälle in Form von Stichpunkten um das Kernthema herum zu schreiben, ohne dabei auf Hierarchien zu achten. Die Stichpunke werden jeweils umkreist und mit den anderen Stichpunkten durch Linien verbunden, sofern der Übende dort eine Verbindung oder Beziehung sieht. Wenn der Schreibfluss stockt, kehrt man zum Kernpunkt zurück oder gibt sich Zeit, indem man bspw. die Verbindungslinien erneut verstärkt.

Sehr ähnlich funktioniert das Brainstorming[19], das von A. F. Osborne entwickelt wurde, wobei es konkretere Rahmenbedingungen und Regeln gibt. Die Phase der Ideensammlung dauert 20 Minuten, in welchen mindestens 25 Begriffe zur Problemstellung gefunden werden. Dabei sollte der Phantasie freien Lauf gelassen werden, die Menge über die Qualität geschätzt und vor allem alle Bewertungen außen vor gelassen werden. In Gruppen gilt zudem die No-Copyright-Regel, jeder darf Ideen von den anderen weiterdenken.

5.4 Methodische Handhabung von Problemstellungen

Wenn der Grund für die Schreibblockade ein stockender Ideenfluss ist, bieten sich einige interessante Methoden. Beispielsweise gibt es die Umkehr-Methode[20] bzw. Kopfstandtechnik, die vom Gegenteil dessen, was man sich wünscht, ausgeht. Dadurch gewinnt man neue

---

17 Noack, S.60 - 66
18 Noack, S.56 - 60
19 Noack, S.41 - 42
20 Noack, S.71

Erkenntnisse aus einem entgegengesetzten Blickwinkel.

Eine andere Methode ist die Bisoziation[21], bei der man ein Bild sucht, das vom Thema inhaltlich so weit wie möglich entfernt ist, und dazu ein Brainstorming durchführt. Alle Einfälle und Eindrücke werden auf Zettel oder Karteikarten notiert und als nächstes sollen alle Eindrücke mit dem ursprünglichen Problem oder Thema möglichst in Verbindung gebracht werden, sodass neue und außergewöhnliche Lösungswege entstehen.

Andere nützliche Methoden[22] für eine Lösungsfindung sind die Reizworttechnik, die Walt-Disney-Strategie, die Morphologische Matrix oder der Morphologische Kasten und auch die 6-Hüte-Methode.

6. Zusammenfassende Bewertung der Schreibblockade

Abschließend kann man feststellen, dass die Schreibblockade ein Phänomen ist, das zu jeder Zeit auftreten kann, jedoch ist es möglich bei Durchführung der genannten Hinweisen und Übungen es vorzubeugen. Selbst wenn die Schreibblockade schon aufgetreten ist, so kann man sie aus eigener Kraft oder mit professioneller Hilfe in den Griff zu bekommen, je nachdem welche die Ursache dafür ist und wie tief sie liegt.

---

21 Noack, S.81
22 Noack, S.82, 74, 66 - 68, 69

Literatur- und Quellenverzeichnis

Literaturverzeichnis:

Schärf, Christian: Der Wunsch zu schreiben, in: PSYCHOLOGIE HEUTE, Jg 44, Nr. 5, Mai 2017, S44-48

Von Schnurbein, Barbara / Spraul, Renate: So schaff ich es!, R. Brockhaus Verlag, Wuppertal, 2003

Hofmann, Markus: Hirn in Hochform, Verlag Carl Ueberreuter, Wien, 2009

Noack, Karsten: Kreativitätstechniken, Schöpferisches Potenzial entwickeln und nutzen, 1 Auflage, Berlin, Cornelsen Verlag, 2005

Gorus, Oliver: Erfolgreich als Sachbuchautor: von der ersten Buchidee bis zur Vermarktung, Kapitel 14, 2. Auflage, Offenbach, Gabal Verlag, 2011

Weaver Flaherty, Alice: Midnight Desease, The Drive to Write, Writer's Block, and the Creative Brain, S. 108 - 148, 1 Auflage, Houghton Miffilin, 2004

Schriftverkehr:
Dr. Teubert, Bärbel, Heilpraktikerin für Psychotherapie Leipzig, E-mail Korrespondenz: Ttherapeutische Ansätze zur Behandlung von Schreibblockaden, 13-15.08.2019

PDFs:

Rasch, A. David / Rasch, Meehan: Overcoming Writer's Block and Procrastination for Attorneys, Law Students, and Law Professors, 43 Auflage, New Mexico Law, 2013 (Zugriff am 10.07.2019)
Castillo, M.: Writer's Block, 2014,
https://pdfs.semanticscholar.org/8dc4/e78275f59642551cd88d7a961f1d07b8ae80.pdf (Zugriff am 10.07.2019)
Garcia, Melanie: Writer's Block And How To Work Through It, 2012 (Zugriff am 10.07.2019)
Huston, Patricia: Resolving writer's block, in: Canadian Family Physician, Jg. 44, 1998, S. 92-97,
https://www.ncbi.nlm.nih.gov/pmc/articles/PMC2277565/pdf/canfamphys00047-0094.pdf
(Zugriff am 10.07.2019)
Dr. Hoffmann, Kerstin: Schreibblockade. Tipps, Strategien und Erfahrungen. E-Book zur Blogparade gegen die Schreibblockade,
http://www.kerstin-hoffmann.de/pr-doktor/2013/12/10/e-book-schreibblockade/ (Zugriff am 10.07.2019)

Internetquellen:

Schreibblockade, https://de.wikipedia.org/wiki/Schreibblockade (Zugriff am 06.07.2019)
Dr. Arnold, Sven: Schreibblockaden überwinden, https://studi-lektor.de/tipps/bachelorarbeit/bachelorarbeit-schreibblockade-ueberwinden.html (Zugriff am 06.07.2019)

Typen von Schreibstörungen, Konzeptionsprobleme beim frühzeitigen Starten,
http://www.teachsam.de/arb/texte_verfassen/arb_text_verf_3_8_2_2.htm (Zugriff am 08.07.2019)
Schreibschwierigkeiten und -störungen Überblick,
http://www.teachsam.de/arb/texte_verfassen/arb_text_verf_3_8_1.htm (Zugriff am 9.07.2019)
Schreibschwierigkeiten und -störungen Ursachen,
http://www.teachsam.de/arb/texte_verfassen/arb_text_verf_3_8_01.htm (Zugriff am 9.07.2019)
Pomodoro-Technik
https://de.wikipedia.org/wiki/Pomodoro-Technik (Zugriff am 10.07.2019)

Schreibblockade adieu - Mit diesen 10 Tipps überwinden Sie Schreibblockaden!,
https://tredition.de/ratgeber/buch-veroeffentlichen/schreibblockade-adieu-mit-diesen-10-tipps-ueberwinden-sie-schreibblockaden/ (Zugriff am 10.07.2019)
Writer Emergency Pack,
https://writeremergency.com/accessibility/ (Zugriff am 10.07.2019)
Kreativitätstechniken für Autoren - Schreibblockaden überwinden,
http://ein-buch-schreiben.com/kreativitaetstechniken-autoren-schreibblockaden/ (Zugriff am 10.07.2019)

Schreibprozess,
https://de.wikipedia.org/wiki/Schreibprozess (Zugriff am 12.07.2019)
Schreibforschung, etc.,
https://www.uni-bamberg.de/germ-didaktik/transfer/online-seminare/schreib-web/schreibforschung/ (Zugriff am 12.07.2019)

Skoutz-Wiki: Schreibblockade,
https://skoutz.de/skoutz-wiki-schreibblockade/ (Zugriff am 14.07.2019)

Verba volant, scripta manent,
https://en.wikipedia.org/wiki/Verba_volant,_scripta_manent (Zugriff am 15.07.2019)

Paretoprinzip,
https://de.wikipedia.org/wiki/Paretoprinzip (Zugriff am 22.07.2019)

Dominante Hemisphäre,
http://www.neuro24.de/show_glossar.php?id=429 (Zugriff am 25.07.2019)
Linkshirnig? Rechtshirnig? Ganzhirnig?,
http://www.netschool.de/lbg/lmbg.htm (Zugriff am 25.07.2019)
Die linke und rechte Gehirnhälfte vernetzen,
https://dieprojektmanager.com/linke-und-rechte-gehirnhaelfte-test/ (Zugriff am 25.07.2019)
Zwei Gehirnhälften - ein Team,
http://insel-des-lernens-und-des-wissens.de/index.php?option=com_content&view=article&id=33&Itemid=34 (Zugriff am 25.07.2019)

Warum Angst für den Menschen so wichtig ist,
https://www.welt.de/wissenschaft/article1958002/Warum-Angst-fuer-den-Menschen-so-wichtig-ist.html (Zugrif 27.07.2019)

Burnout,
https://www.netdoktor.de/krankheiten/burnout/ (Zugriff am 28.07.2019)

Motivation,
https://www.deutschlandfunknova.de/beitrag/motivation-warum-wir-belohnungen-brauchen (Zugriff am 07.08.2019)

Selbstmotivation: Wenn - Dann - Denken ist falsch
https://karrierebibel.de/selbstmotivation/ (Zugriff am 10.08.2019)

Sonnenmoser, Marion: Katathym-imaginative Psychotherapie: Imagination, Aerzteblatt, Juli 2003, S. 325
https://www.aerzteblatt.de/archiv/37670/Katathym-imaginative-Psychotherapie-Imaginationen-gewinnen-an-Bedeutung (Zugriff am 11.08.2019)
Katathym Imaginative Psyvhotherapie,
https://de.wikipedia.org/wiki/Katathym_Imaginative_Psychotherapie (Zugriff am 11.08.2019)

Fries, Meike: Schreinblockaden. In harten Arbeitsphasen die Freizeit planen, Zeit Online, 11. August 2011,
https://www.zeit.de/studium/uni-leben/2011-08/schreibblockade-hausarbeiten (Zugriff am 15.08.2019)

Dr. Huesmann, Anette: Effizient schreiben,
https://www.die-schreibtrainerin.de/schreibkurse/effizient-schreiben/ (Zugriff am 15.08.2019)

Karel, Eva: Schreibtraining,
https://evakarel.at/schreibtraining/ (Zugriff am 15.08.2019)

Innere Blockaden lösen,
https://xn--blockaden-lsen-5pb.net/ (Zugriff am 15.08.2019)

Rainer, Coach: Kreativitätstechniken Teil 1 - Brainstorming, 13 April 2017,
https://www.hafawo.at/produktivitaet-und-kreativitaet/kreativitaetstechniken-teil-1-brainstroming/ (Zugriff 16.08.2019)

Müller, Julia: Brainstorming. Diese Regeln machen jedes Brainstorming produktiver,4. Oktober.2018,
https://www.impulse.de/management/personalfuehrung/brainstorming/4055176.html (Zugriff 16.08.2019)

*Schormann, Tobias: Acht Übungen helfen der Kreativität auf die Sprünge, 15.09.2014,
https://www.welt.de/gesundheit/psychologie/article132270637/Acht-Uebungen-helfen-der-Kreativitaet-auf-die-Spruenge.html (Zugriff am 16.08.2019)

Alkan, Saim Rolf: Schreibprozess: Am Anfang war der Schreibauftrag, 14.11.2006
https://www.contentmanager.de/cms/schreiben-als-prozess-am-anfang-war-der-schreibauftrag/ (Zugiff am 25.08.2019)

GLOBAL TRANSLATIONS: Eine harzige Angelegenheit - die Schreibblockade, 26.01.2015,
https://www.global-translations.ch/de/blog/schreibblockade (Zugiff am 25.08.2019)

 Schreiben als mentaler und sprachlicher Prozeß
http://germanistischelinguistik4.pbworks.com/f/25057797-85-Schreiben-Als-Mentaler-Und-Sprachlicher-Proze%C3%9F.pdf (Zugriff am 25.08.2019)

Videoquellen:

Video, Schreibhemmungen & Schreibblockaden erfolgreich lösen,
https://studi-lektor.de/tipps/bachelorarbeit/bachelorarbeit-schreibblockade-ueberwinden.html (Zugriff am 06.07.2019)

Schule des Schreibens: Ulrike Scheuermann: Schreibblockaden überwinden - im Flow bleiben 19.06.2017
https://www.youtube.com/watch?v=2u5FHhlqtX4 (06.07.2019)

Diane Callahan: How to Motivate Yourself to Write Every Day 20.06.2016, https://www.youtube.com/watch?v=t9ixkSlQlss (Zugriff am 06.07.2019)

Film Courage: The Secret to Overcoming Writer's Block by John Truby 03.11.2012,
https://www.youtube.com/watch?v=CgNTUZDDlqM (Zugriff am 06.07.2019)

BachelorPrint: SCHREIBBLOCKADE LÖSEN ~ Tipps für die Bachelorarbeit 09.01.2018,
https://www.youtube.com/watch?v=7PkzL-SDBU0 (Zugriff am 06.07.2019)

Actualized.org: How To Overcome Creative Blocks & Writer's Block 15.11.2015, https://www.youtube.com/watch?v=OwgD1vmAawo (Zugriff am 06.07.2019)
Glücksdetektiv: Mit Kritik richtig umgehen! 28.09.2016, https://www.youtube.com/watch?v=k4kVxv2Bn9w (Zugriff am 28.08.2019)

Schreibhilfen:

https://synonyms.reverso.net/synonym-woerterbuch/
Google Wörterbuch/Synonyme

BEI GRIN MACHT SICH IHR WISSEN BEZAHLT

- Wir veröffentlichen Ihre Hausarbeit,
  Bachelor- und Masterarbeit

- Ihr eigenes eBook und Buch -
  weltweit in allen wichtigen Shops

- Verdienen Sie an jedem Verkauf

Jetzt bei www.GRIN.com hochladen
und kostenlos publizieren